불의 사자

김익두

구성 김원민 그림 문상우

내가 가는 길을 그가 아시나니
그가 나를 단련하신 후에는
내가 순금 같이 되어 나오리라

보물지도

이 이야기는 실화를 토대로 구성하였습니다.
... ...
음

대장부로 태어나
부귀를 맛보았으면.. 다음은
공명을 누려 보아야 할 터인데..
벌써 인생의 후반으로 접어 들었으니..
다 틀린 일 아닌가
하나 있는 자식이 똘똘하니 그 애한테 기대 볼 수 밖에

왕
왕
이렇게 큰 집에
들어가도 괜찮을까!
왕통 형님이
가보랬으니까
괜찮지 않을까?
왕
왕
그래도... 그럼
네가 앞장서가.
왜...
왜이래?
잘생긴
네가 먼저
들어
가셔~

이럴때만 잘생겼지?
아무래도 네가 더 잘생긴 것 같아.
네가 먼저 들어가.
어험!
익!
거기 두 거지 양반.
우.. 우린 그냥 지나가는 중이요.
빨리 가자.

빨리 들어가지 뭐해요?
들어가라고 ?
거봐? 들어가라 잖아?
빨리 들어가자!
히힛!
땡큐!

우걱 우걱
쩝! 쩝!

여긴 천국인가봐 !
꿀꺽!
햐!

이봐! 왜이리 늦었어?
빨리와 앉아!
우와... 이게 웬일이냐?

쩝
와작
와작
이게 꿈은 아니겠지?
어험
많이 드세요!
차린건 없지만 많이들 드세요.
!
차린게 없다니요. 오랜만에 뱃 속 때 벗기는 중입니다.
그나저나 무슨 턱인지 알고나 먹읍시다.

허허허 눈치 하난..
말씀해 보십시요.
이렇게 좋은 일
하시는데
하늘이 돕지
않겠습니까?
?
뭐 별 것 아니올시다.
이번에 하나 있는
아들 놈이 천자문을
떼었지요.
허허허...
별 것 아닌데...
나으리 빌어먹고 사는
거지라고 놀리는 겁니까?

놀리다니?
도련님은 아직 열살도
안된걸로 알고있는데
벌써 천자문을
떼었다고요?
그러니까 이렇게
한턱 내는게 아닌가
설마?
내가 신용이 이리도
없었나?
......
이보게
익두좀 데려
오게!
예! 나으리!

부르셨습니까?
아버님!
그래
지금 무엇을 하고
있었느냐?
천자문을 마쳤으니
공자님의 귀한 말씀이
담긴 논어를 읽고
있었습니다.
!

논어라!
그래.. 마음에 드는 구절이 있느냐?
예
그럼 한 번 외워 보아라.
부재에 관기지 하고 부몰에 관기행이나 삼 년을 무어부지도라야 가위효의니라.
그게 무슨 뜻이냐?
아버지께서 살아 계실땐 그 뜻을 살피고 돌아가신 뒤에는 그 행적을 살필 것이니

삼 년동안 아버지가 지키던 것을 고치지 않아야 효자라 할 것이라는 뜻입니다.
옳거니
과연 내 아들이로구나
핫핫핫
놀랍습니다요
우와
이제야 내 말을 믿겠나?
나두
천재다.
까딱!
까딱!
이렇게 경사스러울 수가. 축하드립니다.
도련님은 분명 크게 되실겁니다.
허허허 낯 뜨겁게...
!

그만들 하고
마음껏 드시오
예~!
잘 먹겠습니다.
얼시구 시구 들어간다!
절시구 시구 들어간다!
작년에 왔던 각설이 죽지도 않고
또 왔네!

수신제가 치국평천하(修身濟家治國平天下)
내가 바로서야 가정이 바로서고
가정이 바로서야 나라가 바로서고
나라가 바로서야 온 세상이
올바르게 될 수 있다.
?
소위 수신 재정기 심자 (所謂修身在正其心者)
이른바 수신은 마음을 바르게 하는 데 있으며

신유소분치 즉부득기정
(身有所忿懥 則不得其正) 하며
마음이 노여워함에 차있으면
곧 바름을 얻지 못하며
유소공구 즉부득기정
(有所恐懼 則不得其正)
하며
마음에 두려워하는
바 있으면
바름을 얻지 못하며
유소호락 즉부득기정
(有所好樂 則不得其正) 하며
너무 좋아하는 데만
빠지면 곧 바름을
얻지 못하며
유소우환 즉부득기정
(有所憂患 則不得其正)하며
근심과 걱정하는 바가
있으면 곧 바름을
얻지 못하며
심부재언 시이불견 청이불문
(心不在焉 視而不見 聽而不聞)이며
마음을 집중 할 수 없으면
보려고 해도 보이지 않으며
들으려고 해도 들을 수 없으며
식이부지기미
(食而不知其味) 나니
음식을 먹어도 맛을 모르나니
탁
大學
차위 수신 재정기심
(此謂修身在正其心) 이다.
이를 일러 자기 몸을
수신하는데는 그 마음을
바르게 하는데 있다

짐궁유죄는 무이만방이요
만방유죄는 죄재짐궁하니라
제몸의 죄는 만방과는
상관이 없으나 만백성의 죄는
제 자신의 죄이니라
탁
짹!
짹!
천장강대임어시인야
(天將降大任於斯人也)
하늘이 장차 이 사람에게
큰 일을 맡기려 하면
필선노기심지 (必先勞其心志)
하고, 반드시 먼저 그가
마음의 뜻을 세우기까지
괴로움을 주고

고기근골(苦其筋骨)하며 그 육신을 피곤케 하며
아기체부(餓其體膚)하고 그 몸을 굶주리게하고
궁핍기신(窮乏其身)한다. 그 몸을 궁핍하게 한다.
행불란기소위(行拂亂其所爲)는 그가 하려는 바를 힘들게 하고 어지럽게 하는 것은
시고동심인성(是故動心忍性) 하고, 마음을 쓰는 중에도 흔들리지 않을 참된 성품을 기르고
증익기소불능 (增益其所不能)이다 불가능한 일도 능히 해낼 수 있도록 키우기 위함이다.
孟子
자사자왈 자사께서 말하되
천명지위성이요 하늘이 명한 것을 성품이라 이르고

솔성지위도요
성품을 따르는 것을
도라 이르고
수도지위교라
도를 닦는 것을
가르침이라 이른다.
민위귀 사직차지 군위경
(民爲貴 社稷次之 君爲輕)
백성이 제일 귀하고, 나라가
다음이며,
임금이 가장 가볍다
익두야!
……
시고 득호구민이위천자
(是故 得乎丘民而爲天子)
이런 까닭에 민심을 얻으면
하늘의 아들이 되고
익두야!
애비다

덜컹!
이 늦은 시간에 웬일 이십니까?
들어가서 얘기 좀 하자.
예
어험!
금년에
과거가 있구나!
그렇습니까?

사서삼경을 뗀지
오래이니
초시에 응시해라.
!!!
예!
알겠습니다.

초시는 쉽게 통과 할 것이고 잘 하면 장원까지도 넘볼 수 있을 것이다.
그.. 그렇습니까?
저는 아직 제 실력이 어느 정도인지 잘 몰라서...
그래도 정신 바짝 차려야 한다. 한양에 모이는 사람들은 각 지역에서
명심하겠습니다.
내노라 하는 수재들이니 만만치는 않을 것이다.

1891년(고종28년) 한양
삿갓 쓴 김익두
계속 과거를 봐야 하는 건지 걱정이야!
그러게 말이야
?

뭣 때문에
그러십니까?
?
자네도 과거 보러 왔는가?
예~! 저는
김익두라고 합니다.
아직 나이가
어린 것 같은데
초시는 통과 했는가?
16 세이고요.
그나저나 방금
나눈 이야기는 무슨
뜻 입니까?
대단하구만. 그 나이에
벌써 초시에 통과하다니

그게 썩은 관리들이
자기 자제들을
급제자로 정했다는 거야
어떻게 그런 일이?
헉!
우린 그저 들러리일
뿐이고.
그럼 뭣하러
과거를 봅니까?
조정에 나갈 길이
과거 밖에 없으니
그저 한 가닥
기대를 가져 보는
거지
까~욱

과거를 시작하겠오.
자! 제시되는 시제를 보고
답안을 작성하여
제출하시오.
정벌이냐 화친이
어렵군
문제가 쉬우면
무슨 소용이 있을까?

며칠 후 합격자 명단이 발표되었다.
웅성
웅성
대박!!!
또~ 낙방!
크흑!
....
아!

떨어졌구나...
이름이 없어
세상이 바뀌지 않는 한
내 이름이 저곳에 오를 수
있을까?
이제 부모님 얼굴을
어떻게 보나

도저히 못들어가겠다
建陽多慶
入春大吉
익두 아니냐?
슴찔

아! ... 아버님!
잘 다녀
왔느냐?
예!
시험은 어찌
되었느냐?
죄송합니다
아버님!
떨어진게냐?
... ...
장원은 고사하고
낙방이란 말이냐?
어떻게.. 네..
실력에...

!
!!
여보!
아! 아버님!!!
쿵
이... 익두야!

……
으음
설레
설레
?
!
뇌일혈(뇌출혈)이요.

위험한 병
입니까?
인간의 힘으로
어쩔 수 없소
제발 이대로
돌아가시면
안됩니다.
하늘에 맡겨 보는 수 밖에
인명은 제천이라 했소
좀 더 기다려 보시지요
아....
어머니...
흑!흑!흑!
익두야!

익두야
아버님! 정신이 드세요!
익두...야
예! 아버님!
사람으로 태어 났으면 사람답게 살아야 한다. 부디, 사람 답게 살아라...
익두야... 사람답게...
픽
아버님! 정신차리세요!

여보!
이 불효자식은 어떡하라고
이렇게 가십니까?
이 죄를 어떡하라고 ...!
어~엉
엉
으허어어엉
여보오..오!
아버님!!
어허어..엉
아이고~오! 아이고~오!
여...보..

흑! 흑! 흑
이 불효를 어떡합니까?
누구한테 용서를 빕니까?
아버님!

아버님!
어디로 가신 겁니까?
아버님은 어디에 계신
것 입니까?
제 말을 듣고
계신 겁니까?
봄이 오고 꽃은 이렇게 화사한데
아버님은 어디에 계신 겁니까?
제 죄는 누구에게
용서 받아야 합니까?
죽으면 어떻게 되는 거지?
아버님은 어디에 계신거지?
이 허전함은 뭐지?
부처님이라면 답을 알까?

어떻게 오셨습니까?
마음이 너무 허전하고 답답합니다.
저 때문에 아버님이 돌아가신 것 같아 괴롭습니다
아버님은 어디에 계신 겁니까?
잠시만... 주지 스님을 모시고 오겠습니다.

마음이 답답하고
허전하시다고?
그렇습니다.
돌아가신 아버님이
어디계신지
궁금하다고요?
그렇습니다.
허전하고 답답한
마음을 부처님 말씀
으로 채워 보십시요

부처님께선 바르게 생각하고 바르게 말하고, 바르게 행동하고 바르게 살게 되면 모든 고통으로 부터 벗어날 수 있다고 말씀하셨습니다.
이곳에 기거하시면서 마음을 닦아보시지요
고맙습니다. 스님
쉽지는 않을 것입니다. 그 때는
아미타 부처님과
관세음 보살님께 염해보십시요
그러면 그 분들이 바른 길로 인도 하신다 하셨습니다.
그럼, 부디 정도로 정진하시기를..
알겠습니다 나무아미타불 관세음보살

똑.. 똑 .. 똑 ..!!
똑..똑 .. 똑 ..!!
부처님께선 중생이 정진을 게을리하면
그 마음에 탐욕과 분노 어리석음이 가득찬다 하셨습니다.
사후에는 돌이킬 수 없어 지옥도, 중생도, 아귀도의 세 세계를 오간다 하였으니
살생을 멀리하고 부지런히 정진해야 하겠습니다.
나무아미타불! 관세음 보살!
아버님! 아버님은 어디 계신 겁니까?

생자필멸 회자 정리
산 것은 반드시 죽고
만나면 반드시 헤어진다.
그러니 아버님이 돌아가신 것도
겪어야 될 진리란 말인가?
나무아미타불
관세음보살
옛날 인도 구시라성의 사다림이란 동네에 과부가
하나 있는 아들을 잃고 슬퍼하고 있었다
큰 슬픔에 잠겨 있을 때 석가께서
들른다는 소식을 들었다
과부는 석가에게 달려가
아들을 살려달라고 했다
석가는 과부에게
마을에 내려가
지금껏 한사람도
죽어 나간적이 없는
열 집을 찾아

쌀 한 줌씩 얻어
죽을 쑤어 아들에게
먹이면 다시 살아
날 것이라고 했다.
과부는 너무 기뻐서 한 걸음에 마을로 내려갔다.
그러나 열 집은 커녕
한 집도 찾을 수가 없었다.
해가 저물 때에 힘 없이 석가에게 온 과부가
지금껏 한 사람도 안 죽어나간 집을
찾을 수가 없노라고 말했다.
이 때 석가가
말씀하셨다.
"생자필멸, 회자정리"라고
산 것은 반드시 죽고
만나면 반드시 헤어진다.
석가께서는
도가
깊으시구나

생자필멸 회자정리라
아버님의 죽음을 생각하느라...
언젠가는 나도
죽는다는 것을
생각하지 못했구나
바른 생각
바른 말
바른 행동
바르게 살면
고통없이 죽을 수
있는 것인가?
시제법 공상, 불생불멸
불구부정, 불증불감
모든 현상은
실체가 없으니
생성도 소멸도 아니며
더러움도 깨끗함도 아니며
늘어남도 줄어남도 아니다.

그 것 참
사서삼경보다
깊이 있는 듯 하면서도
비슷한 부분이 많구나
생자필멸
살아 있는 자는
반드시 죽는게
부처의 가르침이고
과부의 아들을 살릴 수 없다면
나의 아버님 또한 어찌 할
도리가 없는 것 아닌가
그 동안 많은 것을
배우고 갑니다.
어디에 있던 마음을
닦는 데 힘 쓰십시요.
명심하겠습니다.

?
젊은이 그러다가 떨어지겠수 보기 보단 위험하다오
....
쯧즛.. 젊은 사람이 어떻게 된거 아냐?

그래 봤자 죽기 밖에
더하겠어...
죽음으로 모든 것이 끝난다면
백 년 후에 죽으나 오늘 죽으나
마찬가지 아닌가
... ...

비나이다
비나이다

천자대감님께 비나이다
우리 외동 아들 익두
제발 마음 추스리고 돌아
오게 하소서!
어... 머..니.
흠짓!!
저. 왔습니다.
이..익두야!

정말 익두가 왔구나
어머니
심려를 끼쳐 죄송합니다.
어디 아픈 데 없느냐?
어머니
아버지 일은 이제 잊거라
죽고 사는건 하늘에 달려 있다 하지 않느냐!
가실 때가 되었으니 가신게지...
그래 저녁은 먹었느냐?
입 맛이 없습니다.

잠깐 기다리거라
간단하게 먹을 것을
만들어 주마.
익두야
예. 어머니
옆 동네에 참한 처자가
있더구나
. . .
어린 나이에 어미를 잃었는데
너 한테 잘 어울릴 것 같더라
어머니께서
알아서 하세요

……
사서삼경을 달달외고
불경을 보고 또 봐도
사람이 어디서 와서
어디로 가는 지는
알 수 없으니
이렇게 허무한 게 인생이라면
살아야 될 이유가 뭔가?
아

익두야!
어머니
그렇게 넋 놓고
살지 말고
이 자전거를
배워서
장사를 해 보거라!

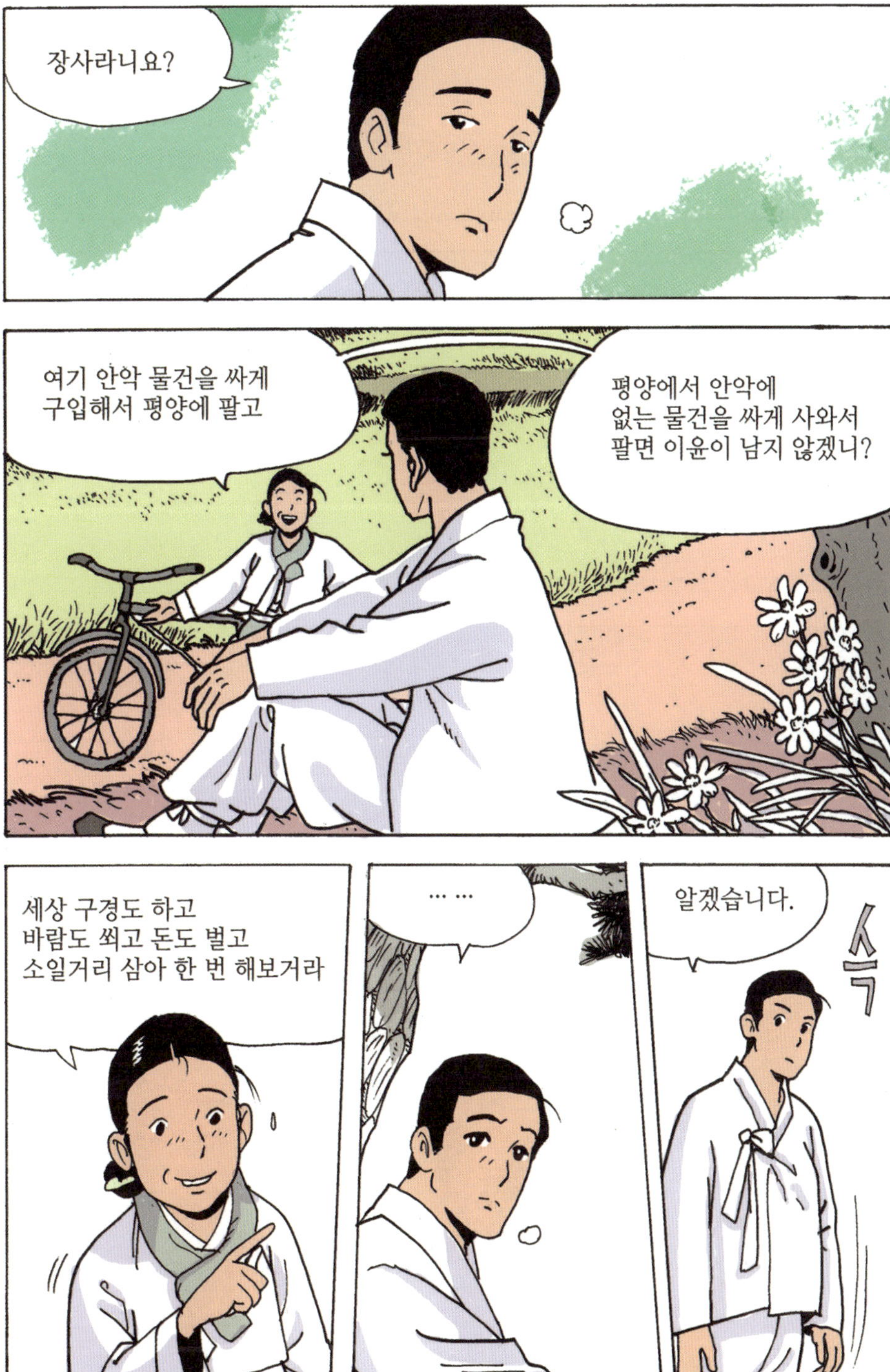
장사라니요?
여기 안악 물건을 싸게 구입해서 평양에 팔고
평양에서 안악에 없는 물건을 싸게 사와서 팔면 이윤이 남지 않겠니?
세상 구경도 하고 바람도 쐬고 돈도 벌고 소일거리 삼아 한 번 해보거라
… …
알겠습니다.
스륵

따르릉
따르릉
평양에서 구하기 힘든 게
뭐가 있으려나?
음

안악시장
왕골로 만든 물건이 좋겠군
무게도 가볍고 모양도 예쁘고
이 바구니 얼마씩
합니까?
몇 개 필요
하신데요?
글쎄요 평양가서 팔려고
합니다.
이것 저것 다양하게
많이 필요하니
싸게 주십시오.
아, 예~!

평양
……
여기가
좋겠군
예쁘기도 해라
이거 뭘로 만든거에요?

왕골로 만들었습니다.
왕골!
왕골이 뭐요?
갈대요. 흔들리는 갈대
어머나...
갈대!
이건 얼마에요?
오전만
주십시요.
싸네...
하나만 더 주세요
예~
나도 하나
주세요
예~

어?
해가 많이 기울었네
!
어둡기 전에 안악까지
가려면 빨리 팔고
주섬
주섬
가지고 갈 물건을 사야
할 텐데...
이러다간 안되겠다
좀 덜 벌더라도
잡화점에 도매로
넘겨야지

척
젊은이
예수
믿으시게..!
예수?
예수는 서양 귀신 아녜요?
우리 귀신도 많은데
하필 서양 귀신이요?
?
난 지금 바쁘니
다른 데 가서
알아보슈!
서양
귀신?

주여!
저 사람을
불쌍히 여기소서
따르릉
따르릉
저 젊은이를
불러 주옵소서
그래서 하나님의
뜻대로 사용하소서
아멘!

익두야!
익두야!
헉
헉
자네가 웬일이야?
한참 찾아
다녔네
헉
헉
무슨 일인데?
자네 큰 돈 벌어
보지 않겠나?
무슨 소리야?
우리 동네에
큰 공장이 들어오는데
내가 공장장을 할
기회가 생겼네

그런데 내가 어떻게
돈을 버나?
내가 가진게 없지 않나?
재정 보증을 해주면 공장에서
나오는 수익 중 일부를 나눠주겠네
워낙 큰 공장이라
수익도 엄청나다네
그래?
가만히 앉아서
돈을 버는거지..
내가 어떻게 하면
되지?
내 그럴 줄 알고
미리 준비해 왔네!
좋아
하지
연대 보증 약정서
연대 보증인 김 익 두(이하 갑이라 칭한다)는
채권자 최성룡(이하 을이라 칭한다)와
채무자 나경호 사이에 존재하는 채무자의
의무를 연대 보증할 것을 약정한다
보증인 김 익 두 (인)
여기에 도장민 찍으면
된다네...

친구의 꾀임에 빠져
연대 보증을 서고 난 지
몇 달 후
짹
짹
짹
여기 김익두라는 사람 있습니까?
?
난데.. 무슨 일이지요?
나경호라고
아시죠?
친군데 왜그러
시죠?

대부 받은 빚을 갚지
않고 도망쳤어요.
재정 보증을 서신
김익두씨께서 대신
갚으셔야겠습니다.
그게? 무슨
말씀이신지?
이거 김익두씨 도장
맞죠?
그.. 그렇네요
이건 나경호씨가
빚을 갚지 못 할 경우엔
김익두씨가 책임지겠다는
서류닙니다.
김익두씨가 빚을
갚으셔야 합니다.
빚이 얼만데요?

천 량이 넘습니다.
처.. 천량이요?
그 동안
이자가 쌓여서
그런 돈이
어디 있소?
지금 가지고 계시는 집과
전답이면 됩니다
예?
조상 대대로 물려받은
전답을 어떻게 팝니까?

자발적으로 변재하지 않으면
법으로 경매를 통해 처분
하겠습니다.
그런 줄 아시고 저희는
가보겠습니다.
여.. 여보!
무슨 일이에요?
겨.. 경호!
이 자식!
여.. 여보
나. 경. 호!!!!

나경호의 집
나경호!
나와! 나경호!
왈칵
텅!

으...
으드득!

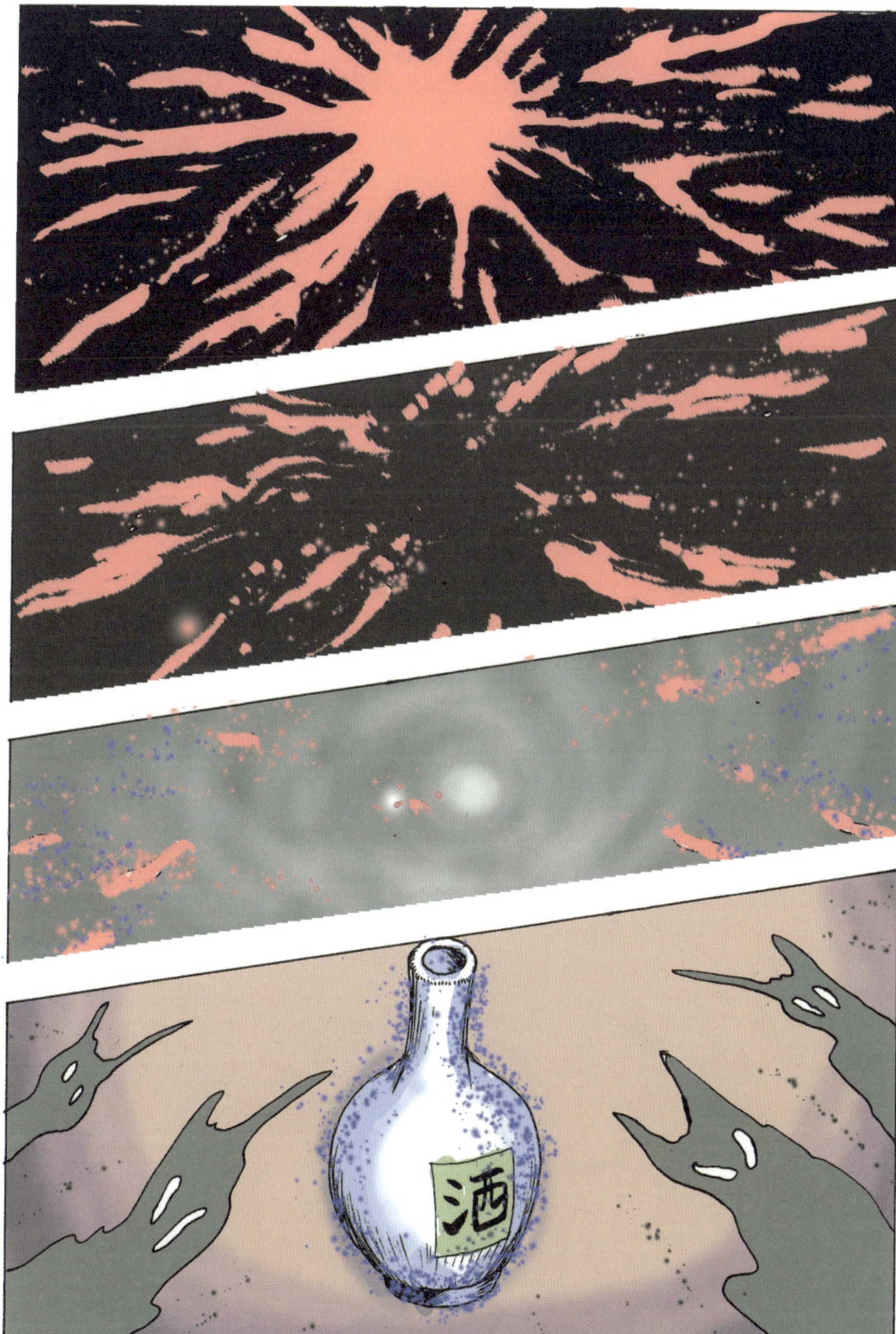
酒

그 일 이후
김익두는 세상에 대한
분노를 다른 사람들을
괴롭히는 것으로 풀었다.
天下
地下
커어!
안악장은
오랜만에
오는군
요즘은 좀
어떤가?
늘 그렇지 뭐
잠깐만
왜?
저기 호랑이 같은데?
호.. 호랑이는 안보이는데?
김익두
말이야
?

저 남자?
내가 보기엔 술 취한
주정뱅이 같은데..?
골머리 아파
돌아서 가자!
꺼억!
무슨 소리야!?
이 무거운 짐을 지고
어디로 돌아가?
후회하기 싫으면
날 따라와
허 참!

?
어이!
거기 두 사람!
天
왜 그러슈?
나를 알아?
모르겠수다

퍽
악!
!!
도대체 왜 그래요?
나를
모른다는게
말이돼?
당신은 날 알아?
아 압니다.
퍽
욱!

내가 너를 모르는데
네가 나를 안다는게
말이 돼?
아이고
사람 죽네
용서 할테니
물건은 모두 두고가
제발 이것 없으면
우리 식구는 굶어
죽어요
싹
싹
이런 나쁜 놈 봤나
우리 식구가 굶어 죽는 건
괜찮다는 거야?
팔 다리 부러지고
싶지 않으면
물건 놓고 당장 꺼져

안악상회
이건 소매로 해도 스무냥 밖에 못 받습니다.
헤헤
이런 날도둑 봤나! 잔소리 말고 마흔냥 내놔!
이러면 저희는 뭘 먹고 삽니까?
이거 말로 안되겠구만
불끈
드.. 드리 겠습니다..
장사 똑바로 해!
여기... 마흔 냥
흠!

대낮부터 취해서
뭐하는거야?
?
안 악 생 ㅓ
여긴 우리 구역인데
여기서 이러면
안되지
제대로 털도
뽑고 우아하게
먹으면 모를까
비켜!

주머니에 있는 것 다 꺼내놓고 무릎 꿇고 빌면 한 번 생각해 보지
덤벼! 이 자식들아!
안악골 호랑이 열받았다.
퍽
또 몇 명 죽어 나가는구나
퍼퍽!!
저 익두 잡아 먹는 귀신은 없나?
퍽!!

어이쿠!
후다닥
저 놈은 대체 뭐야?
목소리만 큰 줄
알았더니
이 놈들 거기 안서?
이 자식들
다들 어디로
사라진거야?

또박! 또박!
또박! 또박!
?
아저씨!
예수 믿으세요!

이건.. 뭐야?
모든 육체는 풀과 같고
그 모든 영광은 풀의 꽃과
같으니 풀은 마르고
꽃은 떨어지되 오직
주의 말씀은 세세토록있도다
베드로전서 1장 24~25절
예수 천당
불신 지옥
예수?
서양 귀신 이잖아?
팽!
오 마이 갓!

전도지에 코 풀면
코가 썩습네다.
!!!
코?
세세토록 있도다.
세세토록?
영원하단 말인가?
기분 더럽다!
술이나 마시자!
휙
톡
꽃은 떨어지되 오직
주의 말씀은 세세토록 있도다
베드로전서 1장 24~25절

· · · · · · · · ·
… …
전도지로 코를 풀면
코가 썩습네다
그깟 종이로 코를 푼다고
코가 썩는다는 게 말이 돼?
그런데 왜
뜨끔했지?

그런데.. 세세토록이
자손 대대로란 뜻인가?
자손 대대로
뭐가 있다는 건가?
익두! 있는가?
들어 오게!
덜커덩!
뭐하고
있었나?
웬일이야?
자네.. 나랑 금산에
다녀 오지 않겠나?
드륵!
. . .
금산?

금산에 서양 선교사가
왔는데 우리 말을
그렇게 잘 한다는군
서양 선교사?
전도지에 코풀면
코가 썩습네다
!
서양 여자
말인가?
코가 큰
남자라던데!
그래? 한 번 가보세
잠깐
기다리게
슥
주여!
♬

주 안에 있는 나에게
딴 근심있으랴
십자가 밑에 나아가 내 짐을 풀었네
주님을 찬송하면서 할렐루야! 할렐루야!
내 앞길 멀고 험해도
사 경 회
나 주님만 따라가리
저 여자?
스왈렌 선교사
한국명 소안론
하나님 말씀을 보겠습니다.
요한 복음 6장 40절 입네다.

내 아버지의 뜻은 아들을 보고 믿는 자마다 영생을 얻는 이것이니 마지막 날에 내가 이를 다시 살리리라 하시니라
인간은 누구나 죽습네다
인간이 죽는 것은 주물주 이시며 생명의 근원이신 하나님과 떨어졌기 때문입니다.
이것이 죄입니다
이 죄는 우리 인간이 감당 할 수 없습니다
그래서 하나님께서 이 죄를 해결하기 위해 예수그리스도를 보내셨습니다

조물주?
조물주라면 세상을 만든 분 이라는 건데
조물주를 안단 말인가?
죄?
조물주와 나 사이에 죄만 없다면 영생한다고?
죄를 지어서 죄인이 아니라 죄인으로 태어 났기 때문에 죄를 짓는 겁네다
아!
내 죄도 용서 받을 수 있을까?
바늘 도둑이나 소 도둑이나 다 같은 도둑입네다
성경엔 나쁜 생각을 갖는 것 조차도 죄라 했습네다
죄인으로 태어난 인간을 죄인이 아닌 의인으로 만들 수 있는 분은
오직, 예수님 밖에 없습네다

여러분은 예수님을 믿고
의인이 되어서 하나님이
약속하신 영생을 얻으시기
바랍니다.
그.. 서양 선교사는
조물주를 안단
말인가?
?
조물주라면
사람이 죽고
사는 것도
알 수 있지
않겠는가?
무슨 생각을 그리
골똘히 하나?
!
먼저 가게나
나 가볼 데가 있네
무슨 일인데?
탁
탁

?
무슨 일입네까?
조물주나 영생에 대해 더 자세히 알고 싶소
!
… …
혹시 한문을 압네까?
한문이요?
한글 성경은 한 권 밖에 없습네다.

한글 성경을 줄 순 없고
한문 성경은 몇 권
가지고 있습니다
!
압니다!
한문!
기다리시오
짹짹
짹짹

성경은 두 부분으로 나눕네다.
앞에 것은 구약 옛 약속이라고 합네다.
구약은 유월절 어린 양을 잡아 이스라엘 민족을 노예에서 해방합네다.
그리고 가나안 땅에서 오직 하나님만 섬기게 하는 내용입네다.
꿀꺽
뒤에 부분은 신약이라고 우리에게 주신 새로운 약속입네다.
모든 인류를 죄의 노예에서 구원하기 위해
예수님을 보내시고 십자가에 달리십네다.
그리고 그 예수님을 믿는 자 마다 하나님 나라 천국까지
주시겠다는 약속입네다.

읽다가
궁금한 것이
있으면
찾아오시오
예!
고맙소
… …
아!

기초 신창조천지
(起初神創造天地)
처음 신께서
땅과 하늘을
만드시니라
(창 1:1)
?..
오! 하나님!
당신이 세상을
만드셨습니까?
… …
아요장니현재기거적지
(我要將你現在寄居的地)
내가 너와 네 후손에게 네가
거류하는 땅

취시가남전지
(就是迦南全地)
곧 가나안 온 땅을 주어
사급니화니적후예영원위업
(賜給你和你的後裔永遠爲業)
영원한 기업이 되게 하고
아야필작타문적신
(我也必作他們的神)
나는 그들의 하나님이 되리라
(창17:8)
나지타위아문적과범수해
(那知他爲我們的過犯受害)
그가 찔림은 우리의 허물 때문이요..
위아문적죄얼압상
爲我們的罪孽壓傷)
그가 상함은 우리의 죄악 때문이라
(이사야53:5)
주님! 내가 죄인입니다.

오호라.. 나는 곤고한 자로다
이 사망의 몸에서 누가 나를
건져내랴
죄 가운데서 벗어날 수
있는 인간은
아무도 없습네다
오직 하나님의 아들이신
예수 그리스도께서
흘리신 대속의 피 만이
우리 죄를 건질 수 있습니다.
아멘!

사자기작만인적속개
(舍自己作万人的贖价)
그가 모든 사람을 위하여
자기를 대속물로 주셨으니…
도료시후 (到了時候)
기약이 이르러…
저사필증명출래
(這事必證明出來)
주신 증거니라..
(딤전 2:6)
주소응허아문적취시영생
(主所應許我們的就是永生)
그가 우리에게 약속하신 것은
이것이니 곧 영원한 생명이니라
(요일2:25)
?
하나님
하나님이 우주 만물을
창조하심을 믿습니다.

예수 그리스도 께서
내 죄 때문에
죽으셨음을 믿습니다.
영원한 생명에 대한
약속을 믿습니다.
오 주님!
감사합니다.
오! 주여! 세상을 만드신
창조주 하나님의 아들이
죽음으로 약속하신
이 영원한 생명 보다
귀한 것이 무엇이겠나이까?
혹시
?
과거 공부
하는 거
아닐까요?
지난 과거에
낙방해서
낙심 했다더니
아닐게다
과거는 이제
없어진다 하지
않느냐?
아무래도
신내림을
받은게야

시.. 신내림요?
서방님이 무당이
된다고요?
요즘 서양 귀신을 섬기는
교회에 자주 나가지
않더냐?
아무래도
신내림을
받은게야
거기서 검고 빨건
책을 가져오더니
저 모양이다.
어.. 어떻게 해요? 어머니?
말려야지요!
그냥 두거라. 밖에서
사고치고 다니는 것 보다야
백배 낫지 않느냐 ?
그.. 그래도 무당이 되면...
서양 무당은 젊잖더구나
걱정 안해도 될게다 .
안저정명 , 인인도유일사 , 사후차유심판
(按著定命 , 人人都有一死 , 死後且有審判)
한 번 죽는 것은 사람에게 정해진 것이요
그 후에는 심판이 있으리니 (히9:27)
?

오~ 하나님!
당신의 뜻은
오묘하나이다.
우리가 이 계명을 받았나니
하나님을 사랑하는 자는 또한
그 형제를
사랑 할 지니라
(요일 4:21)
... ...
주님! 이제
사람을 미워하지
않겠습니다.
아니.. 어떻게
미워 할 수가
있겠습니까?
주님께서 저 같은 놈을 위해
십자가에서 죽으셨는데
이제는 사랑만 하겠습니다.
주님이 나를 사랑하셔서
십자가를 지셨으니
주님께서 사랑하시는
또 다른 사람들을
사랑하겠습니다.

여러분
이 시간은 김익두 성도님께서
간단하게 간증하시겠습니다.
… …
스윽
안녕하십니까?
김익둡니다.

아시는 분은
아시겠지만
안악에서
알아주는
깡패였습니다.
하지만 내 죄를 대신 지고
죽으신 예수님을 믿고 예수님
계명대로 살기로
다짐했습니다.
앞으로는 내가
괴롭힌 사람들에게
사죄하고
주여!
꾸벅
그들을 사랑하는 일에
모든 것을 바치겠습니다.
짝!
짝! 짝!

안 악 상 회
주인장
계시오?
헉
아이고.. 아직
개시도
못했습니다요
하하하하..
그게 아니고

저번에 내가 좀 무례했지요?
두 배로 드릴 테니 용서하시오.
이 작자가 무슨 트집을 잡으려 이러지?
하하하.. 죄송합니다.
지갑에 약간의 돈이 있을 겁니다.
그거라도 드리죠
그게 아니래도요 내 죄 값으로 죽으신 예수님을 믿으려니
옛날 잘못한 것들이 너무 찔려서 용서를 빌러 온 겁니다.
도대체 얼마를 뜯어 내려고 미친 소리까지 하는거야?
덜컹!
하하하 이게 전붑니다.

못 믿겠으면
뒤져보세요.
탁
두고 가겠네
날 용서하고..!
탁
난 빚진 거
갚았네.!
?
이보슈들...
이, 익두다
도, 도망쳐.!

이.. 이게 아닌데
내가 저지른 짓을 생각하면 당연한 거지
왈! 왈!
여보 익두가 오고있어 가게 문 잠글테니 빨리 숨어!
익!
한동안 안보이길래 잘됐다 싶더니...
저 놈 잡아가는 귀신은 없나?
들키기 전에 빨리 숨으라니까

하나님 어쩌면 좋습니까?
저들을 사랑하는 것은 고사하고
가까이 다가 갈 수도 없습니다.

멍! 멍!
부고
김익두 께서
소천 하셨습니다
빈소: 자택
발인: 9월 9일
웅성
웅성
뭐야?
?
멍
멍
무슨 일입니까?
김익두가
죽었다네요
허 참!
세상에

깡패 김익두
말입니까?
이제 맘 편하게
장사 할 수 있겠네
정말 죽은게
확실할까요?
어제
장터에서
봤는데!
한 번 가서 어떻게 된건지
알아 봅시다.
그럽시다.
뭔 걸음이 저리 빠를까?
헉
헉

분위기가
초상집 분위기가
아닌데..
그러게
도대체 상주는
누굽니까?
낸들
알겠나?
문상 오신 것
아닙니까?
아니오 깡패 익두가
죽었다길래 호기심에
와 본거 요.
내 생전 이런 상가는
처음 보는군
?
삐걱!

도, 도망가자! 익두가 살아있어!
잠깐! 내 말좀 들어보시오
더러운 놈. 이젠 죽었다고 거짓말까지 해서 집으로 불러들여? 천벌을 받을 놈
드, 듣겠소 정을 치기 전에 빨리 갑시다.
여기 이사람은 여러분을 괴롭히던 깡패 익두가 아닙니다.
무슨 소릴 하는거야? 깡패 익두가 맞구만
무슨 행패를 부리려고 저런 거짓말까지
하나님의 아들 예수를 믿고 다시 태어난 김익둡니다.

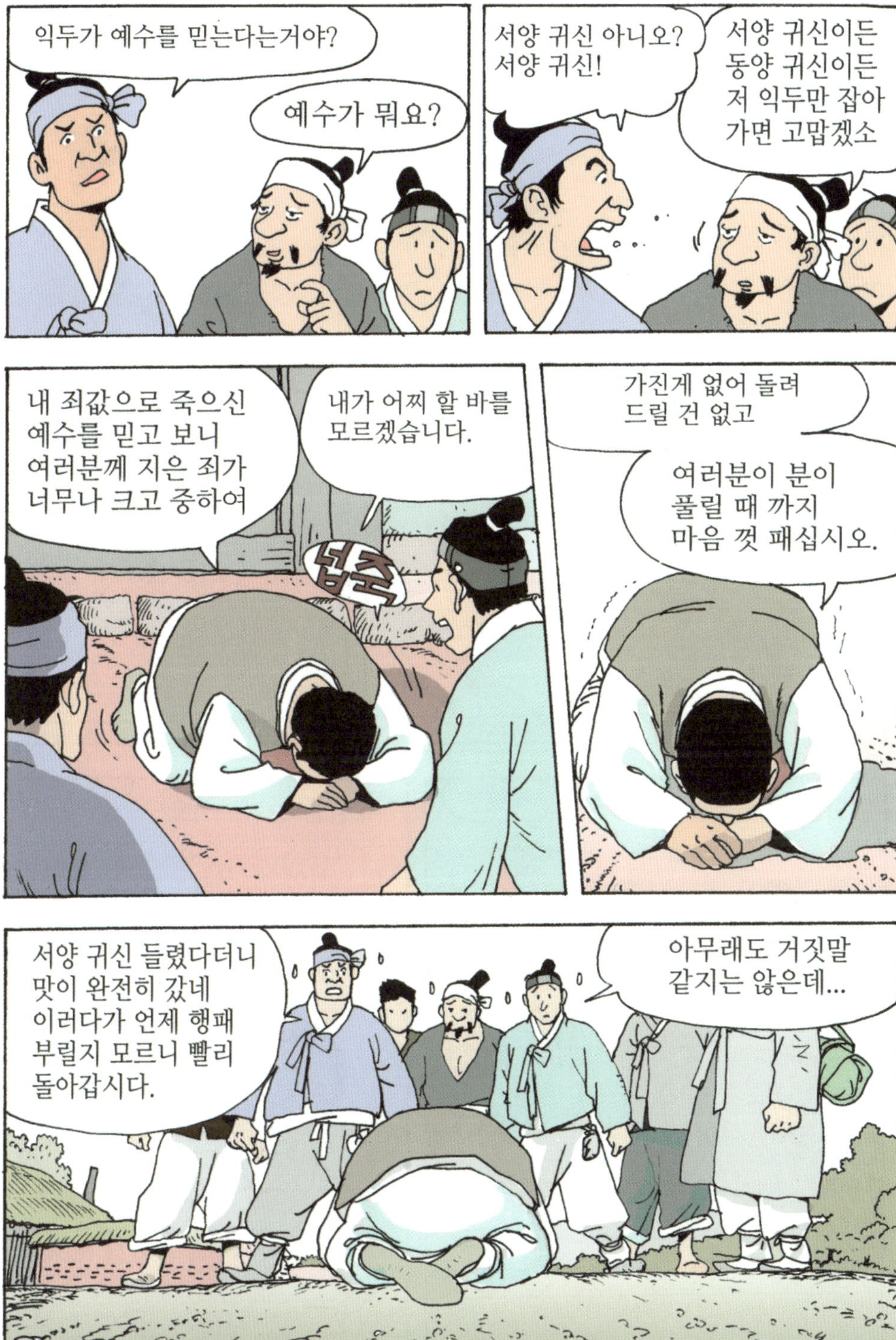
익두가 예수를 믿는다는거야?
예수가 뭐요?
서양 귀신 아니오? 서양 귀신!
서양 귀신이든 동양 귀신이든 저 익두만 잡아 가면 고맙겠소
내 죄값으로 죽으신 예수를 믿고 보니 여러분께 지은 죄가 너무나 크고 중하여
내가 어찌 할 바를 모르겠습니다.
넙죽
가진게 없어 돌려 드릴 건 없고
여러분이 분이 풀릴 때 까지 마음 껏 패십시오.
서양 귀신 들렸다더니 맛이 완전히 갔네 이러다가 언제 행패 부릴지 모르니 빨리 돌아갑시다.
아무래도 거짓말 같지는 않은데...

거짓말이 아니면 단 며칠 만에 사람이 180도 바뀌었단 말이요?
그 예순가 뭔가가 신기한 구석이 있을지도 모르잖소?
죽은 사람도 살렸다는 얘기를 얼핏 들은 것 같은데
어이! 여보소! 말이나 되는 소리를 해야지!
신이 아닌 바에야 어떻게 죽은 사람을 살린단 말이요?
난 가겠소!
같이 갑시다.
에이~.
?
내 말좀 들어보시오 여러분도 예수님을 믿으셔야 합니다.
인간의 수명이 길면 팔 십이라 했습니다.

하지만 여러분의 죄 값을지고 십자가에 달리신 예수를 믿고 예수님 말씀대로 살면
하나님께서 영원히 살게 하신다고 약속 하셨습니다.
여러분은 죽어도 다시 살릴 수 있는 예수님을 믿어야 합니다.
완전히 맛이 갔군
주님 내 죄가 너무 큽니다.
윽!
딱!
내가 부린 행패에 비교가 되겠소?
그 동안 미안했습니다.

에잇
펵
죽어라
천하에
이 못된 놈
퐉
콰
분이 풀릴 때 까지
때리시오.
이럴 수가
김익두 맞아?
툭
죽여! 죽여!
콱
퍽
팍
뻑
빡
에이~
속이 다
후련하다.
이제 갑시다
주여! 아직 저들을
사랑할 기회가 있으니
감사합니다
큭! 큭! 큭!
큭.. 큭...큭

예수 예수 믿는 것은
받은 증거 많도다.
예수 예수
귀한 예수
예수
믿읍시다.
그럼 죄사함 얻고
영생을 얻을 수 있습니다.
이거 읽어
보십시요
김익두 아니오
개과천선
했다더니...

어디 한 번 시험해 볼까?
어쩌시게요?
척!
내가 너 때문에 맘 고생 한 거 생각하면... 에라이 나쁜 놈아!
촤아악
윽
허허허! 미안했습니다. 지난 일은 용서하시고
내가 아주 귀하고 아주 중요한 얘기를 해 줄테니 들어 보시겠습니까?
툭
툭

뭐? 뭐요?
태초에 하나님께서
모든 만물을 만드셨습니다.
그.. 그렇소?
그 때는 하나님 처럼
인간도 영원히 사는
존재였습니다.
여보! 무슨 말이에요?
하나님이란 분이
모든 만물을 만드
셨다는데...
그래요?
응!
앉아서 차분히
이야기 합시다.
툭
툭
인간도 하나님 처럼
영원히 사는 존재였는데
인간이 죄를 짓게 되고
그 죄 때문에 죽게되었다
이겁니다 .

그럼 죄만 없으면 다시 영원히 사는 건가요?
맞습니다. 아이고! 똑똑 하십니다.
그런데 죄 없는 사람이 어디있수?
부창부수라고 안주인께서도 똑똑하십니다.
맞아요! 죄 없는 인간은 아무도 없지요!
하지만 인간들을 끔찍히 사랑하시는 하나님께서 이 불쌍한 인간들을 위해
죄 없으신 예수님을 보내주신겁니다
예수라는 분도 사람인데 어떻게 죄가 없어요?
역시 똑똑하신 질문만 하십니다.
히힛!

예수님은 죄 지은
아담의 후손이 아닙니다.
예수님의 어머니인
마리아가 예수님을
잉태하셨을 때는
처녀였고 남자를 가까이
하지 않은 상태에서
하나님의 힘을 입어 성령으로
잉태했던 것입니다.
그래서 예수님은 죄 없으신
분으로 우리의 죄 값을 대신
치루기 위해 죽으신 겁니다.
이 사실을 믿으면 하나님과
우리 사이에는 죄가 없어지고
다시 살리신다고 약속하셨습니다.
두 분도
믿으시죠?
까짓 것 손해 볼 것 없네요.
예수님이 내 죄값으로 죽었다니
맞습니다.
교회에 오시면
더 자세히
배울 수 있습니다.
이런, 전도지가
젖어버렸네
죄송합니다
옛날 일이
떠올라서

제가 죄송하지요.
하지만 예수님 믿고
저 천국가서 만나
영원히 함께
살 수있다면
제 빚은
갚은겁니다.
그게 사실이라면
제가 빚을 진거지요
안악 교회 아시죠?
주일에 교회에서 뵙겠습니다.
꾸뻑
전도지는 여기 있어요
아까 주신거
여기 적힌
내용들이 방금
애기한 내용이랑
같은 거 아닌가요?
하하하 맞습니다.
주일 날 교회
꼭 오세요.

안악 교회
뎅그렁! 뎅그렁! 뎅그렁!
어서오세요
험
처음 오시는가 봅니다.
김익두 말 듣고 왔수
예수 믿으면 죽어도 살 수 있는 방법이 있대서
사실이요?
나도 익두 때문에 왔는데
이거 깡패 익두가 거짓말쟁이 익두로 바뀐건 아니겠지?
거짓말 아닙니다. 맞습니다. 오늘 소안론 선교사님이 오시는데 자세히 가르쳐 주실 겁니다.
세상에 그런게 있단 말이오?
완벽하게 새로 태어나는 겁니다.

글쎄 술 취해봤자
몸 상하고 맘 상하고
체면 상하고...
그러지 말고
앞으로 성령에
취해 살아
보자니까
나 참내!
낮 술 한 잔 하러
왔다가 이거
자... 일어나
낮 도깨비에게
홀린 기분 인걸
같이 가세!
글쎄 성령이
뭐냐니까 ?
자네 몸에 착 달라
붙어서 살다가
자네가 죽으면
영원한 몸으로
부활 시키실
하나님이시네
오늘 주일이니까
일단 교회에
가보자고
허 참!
뗑그렁! 뗑그렁! 뗑그렁
뗑그렁!

천하 인간 중엔 하나님이 착하다고 인정할 만한 의인은 없습니다.
우리는 오직 내 죄를 위해 죽으신 예수님만을 믿어야 합니다.
안악 ✝ 교회
그 길만이 하나님이 인정한 착한 의인이 될 수 있는 유일한 길입네다.
예수님은 우리 죄를 대신 지고 죽으신 어린 양입네다.
착한 선(善)자에는 어린 양의 양(羊)자가 들어갑네다.
예수님 없이는 하나님이 인정할 만한 착한 사람이 없습네다.
또한 사람 중엔 하나님이 인정할 만한 의인은 없습네다.
의인의 의(義) 자에도 어린 양의 양(羊)자가 들어갑네다.

우리 죄를 지고 죽으신 어린 양
예수님 없이는 누구도 하나님을
만족하게 할 만한 의인이
될 수 없습네다.
내 죄를 대속하시기 위해
십자가를 지신 어린 양이신
예수님을 믿고
따르는 것 만이
우리를 하나님이
인정 하는 착한 사람
의인으로 만들 수
있습네다.
아멘 !!
죄에서 자유를 얻게 함은 주의 보혈!
시험을 이기고 승리하니 참 놀라운 능력이로다!
아멘!
여러분! 광고가
있습네다.
깍!
깍!
재령 교회에서
김익두 성도님을
전도사로 초빙
했습네다.

뭐? 전도사로 간다고?
웅성..웅성.....
그럼 이제 목사가 되는 건가?
내 그럴줄 알았지
식구들은 어쩌구?
안악 교회 성도 여러분 께서는 좀 서운하시더라도
하나님 나라의 확장과 김익두 성도님의 앞 날을
위해 기쁘게 보내 주시기 바랍네다
많은 기도 부탁드립니다.
꾸벅!
짝! 짝! 짝! 짝!
기대됩니다.
전도 많이 하십시요!
보고 싶어서 어떡하죠?
재령 교회
짹!
짹!
저기 전도사님이 오십니다.
어디? 어디?
안녕하십니까? 김익두 입니다.
오셨습니까? 전도사님!

죄송합니다.
성도가 이것 밖에
안됩니다.
허허.. 죄송하다뇨?
성도님들이 많았다면
저를 무엇하러 보냈
겠습니까?
?
이제부터 전도해서
주위에 많은 영혼들을
구원해야죠.
저기.. 저 집 사람들은
예수님을 믿습니까?
믿지않고
있습니다.
영혼을 구하러
갑시다.
아니
짐부터
풀으셔야죠?
가방 좀 부탁
드립니다.
… …

계십니까?
까악 까악
뉘시요?
예수님을 안 믿으신다고요?
첨 보는 분인데 뉘시오!
주인장! 훗날 억울하고 분해서 어찌 하겠습니까?
뭔 소리요?
영혼을 구원할 수 있는 가장 가까운 곳에 사시면서
영혼이 구원 받지 못한다면
그보다 억울할 일이 어디 있겠습니까?
그.. 글쎄요
뻐끔 뻐끔
영원히 살고 싶지 않습니까?
그야
예수님 믿고 오늘부터 교회에 나오십시오.

하나님이 영생을 주시겠다고 말씀하셨습니다.
훗날 험한 곳에 가셔서 나를 원망하지 마시고
반드시 교회 나와서 구원에 대해 천국에 대해 듣고
믿으셔야 합니다.
뻐끔!
뻐끔!
아.. 거.. 뭐..
예.!
그럼 예배 시간에 뵙겠습니다.
꾸벅!
계십니까?
예수 믿으세요!
계십니까?
뽕!
교회 나오세요!

뗑그렁!
뗑그렁!
오늘은 선교사님이 못 오시는 관계로
제가 말씀을 전하겠습니다.
하나님의 말씀은 요한 복음 6장 40절 입니다.
제가 읽겠습니다.
아버지의 뜻은 아들을 보고 믿는 자 마다 영생을 얻는 이것이니
마지막 날에 내가 이를 다시 살리리라
아멘!
천지를 만드신 하나님이 가장 원하시는 일은 무엇일까요?
그것은 죄 가운데서 죽을 수 밖에 없는 우리들이 우리 죄를 대속하기 위해 십자가에서 죽으신 예수님을 믿고 영생을 얻는 것입니다.

예수님을 믿고 영생을 얻은 사람은 몸은 죽어도 마지막에 다시 살리신다고 약속하셨습니다.
부활시킨다고 약속하셨습니다.
그 영생을 얻은 사람 만이 확실한 기쁨 가운데 살아 갈 수 있습니다.
천지를 만드신 하나님의 약속 입니다.
그 약속을 믿고
바라며 살아갑시다. 아멘!
아멘!

조심해서 가십시요! 집사님!
은혜 많이 받았어요.
?
김익두가 누굽니까?
제가 김익둡니다.
저는 한양에 있는 약종상에서 일하는 사람입니다.
어떻게 여기까지?
안악골에 김익두라는 사람이 말주변이 좋다고 소문이나서 사장님이 모셔 오랍니다.
저를 왜요?
월 150원을 드릴테니 일 좀 맡아 달랍니다.
여기선 30원 받으신다고요?

백.. 백오십원요?
한양에선 저희
약종상이 꽤 알려져
있습니다.
사장님은 꼭
약속을 지키십니다
그럼 생각해 보시고
여기로 연락 주십시요
... ...
여보
뭔 고민이 있으세요?
아.. 아니오

150원 이면 지금껏
내가 벌어 보지 못한
큰 돈인데
백 오십원 씩
일년만 모으면
영원한 생명을 믿은
사람 만이 확실한
기쁨 가운데 살아갈 수
있습니다.
허허허 내가
무슨 생각을
한 거야?
이 세상을 떠날 때
모든 것을 놓고 갈텐데...
하나님!
말도 안되는 일로
잠시 흔들렸던 나를
용서하소서
천하에 죽어가는 영혼들을
구하는 일보다 중요하고
귀한 일이 어디 있겠습니까?
이 일을 내게
맡겨주셨으니
감개무량 합니다.

황해도선교부
신천읍에 교회를 세운지 몇 년이나 흘렀습네다.
허나 교회는 텅텅 비어 있습네다.
어찌해야 좋겠습니까?
김익두 전도사를 파송하면 어떻겠습니까?
김익두 전도사요?
그거 좋은 생각 입네다.
김익두 전도사는 안악 교회와 재령 교회에서 수 많은 영혼들을 하나님께로 인도한 말씀과 성령에 사로잡힌 하나님의 사람입니다.

안악이나 재령은 그래도 몇몇의 믿는 분들이 있었습니다.
하지만 신천은 상황이 많이 다릅네다.
김익두 전도사는 성령에 사로잡힌 사람입니다.
김익두라면 성령의 불을 일으킬 것입니다.
의견들이 그러시다면 김익두 전도사에게 한 번 맡겨 봅시다.

황해도 신천
깍! 깍! 깍!
신천에 가시면
많이 힘들겠습니다.
그래도 하나님만
의지하고 승리
하시기를 바라
겠습니다.
주여!
안녕하십니까?
멍! 멍!
아 예~!
그런데 뉘신지요?
?
신천 교회에 새로 온
전도삽니다
신천 교회가
있던가요?
이 길로 곧장 가면
나온다던데...
교회 이야기는
처음 듣는군요

나중에 한 번
찾아 오십시요
?
짹
짹
짹
신천 교회
예배 시간이
거의 다 됐군
덜컹
?
썰렁..
후다닥
하나님!
부족한 종을
이곳에 보내 주셔서
감사합니다.
이곳에서 죽어가는
수 많은 영혼들을 구하여
주소서
짹

소쩍……
소쩍……
소쩍……
시간이 많이 지났는데
소쩍……
소쩍……
소쩍……
소쩍……
힐끗!
나의 갈길 다가도록…
예수 인도 하시니…
내 주안에 있는 긍휼 어찌 의심하리요
믿음으로 사는 자는 하늘 위로 받겠네…
무슨 일을 만나든지
만사형통 하리라

짹
짹
주님!
주님께서 준비해 두신 영혼들을 만나게 해 주소서
그리고 때에 따라 필요한 말씀을 전할 수 있도록 지혜를 주소서
도장
슥
슥
안녕하세요? 좋은 아침입니다.
도장
예~
살아가다 보면 중요한 도장이 많이 있지요?

그렇지요
슥
그 중에 가장 중요한 도장이 뭔지 아십니까?
글쎄요.. 인감 도장 아닐까요?
그보다 더 중요한 도장이 있습니다.
도장
그것 보다 더 중요한 도장이라뇨?
임금님 옥쇈가?
그것 보다 더 중요하지요
사람이 죽으면 천국과 지옥으로 가는데.. 천국으로 가는 도장이 있습니다.
예끼 여보슈 나이 먹고 무식하다고 놀리는 거 아니유?
제가 왜 아침부터 어르신을 놀리겠습니까?
도
천국으로 가는 도장이라는게 뭐요?

예수님의 피지요.
그 서양 귀신 말이요?
예수님은 귀신이 아니라 귀신들이 벌벌 떠는 하나님이십니다.
예수님이 십자가에서 흘린 피가 천국을 확실히 보장 합니다.
거 무슨 소리요?
천국에 들어가려면 죄가 없어야 하는데 예수님이 흘리신 피는 우리의 죄 값을 대신 치루신 대속의 피지요.
예수님이 흘리신 피가 자신의 죄값 임을 믿는 자는 하나님이 죄없다 고 인정하신다고 했으니
확실한 도장이 아니겠습니까?
허허.. 글쎄올시다.

예수님에 대해
천국에 대해
더 알고 싶으시면
저기 있는
교회로 오십시요
글쎄올시다.
이거 시간 날 때
읽어보시고
?
그럼 교회에서
뵙겠습니다.
?
떡
안녕하십니까?
떡 사시게요?
제가 한 번 드시면
영원히 죽지 않는 떡을
가지고 왔습니다.

그런 떡이 어디 있수?
예수라고 들어보셨습니까?
수수떡은 들어봤어도 예수떡은 금시초문이요
우리 죄를 깨끗하게 하기 위해 십자가에서 죽으신 하나님의 독생자이시랍니다.
사람이었수? 사람을 어떻게 먹수?
성경에는 예수님을 믿는 것이 곧 먹는 것이라고 했습니다.
그럼 사람이 영원히 죽지 않는 몸으로?
에이 그런 말도 안되는 말을 어떻게 믿어요?
세상을 만드신 분이 한 말이니 충분히 믿을 수 있지요

세상을 만드신 분을 아시오?
여기에 아주 자세히 써 있지요!
궁금하시면 신천 교회로 나오세요 더 자세히 배울 수 있습니다.
그러게 생전 처음 듣는 신기한 말이긴 한데...
이거 놓고 갈테니 천천히 읽어 보시구요.
탁!
그럽시다.
예수님을 믿으세요.
수고하고 무거운 짐을 벗어드릴 예수님을 믿으세요.
길이요 진리이신 예수님을 믿으세요.

뎅그렁! 뎅그렁! 뎅그렁!
신천 예배당
예수님 믿으세요
예수님 믿으세요
신천 예배당
주님! 어찌된 일입니까?
이 넓은 신천 땅에 구원 받은 영혼이 하나도 없단 말입니까?

솨아–
주님! 이 넓은 신천읍 땅에… 주님을 믿겠다는
영혼이 한 명도 없는 것 입니까?
주님.. 이 땅을 포기 하시렵니까?
쏴아
지지배배…
지지배배…
계세요?
?

누구세요?
예배당
덜컹!
나도 예수 믿으면
영생할 수 있나요?
아!
얻다 마다요
하나님의 자녀로
확실한 도장을
찍어 주십니다.
예수 믿고
싶어서
왔어요!
덥썩
잘 오셨습니다
들어가시지요!
천국에서 새로
부활한 몸은
이렇게 병들지
않는다고 말씀
하셨습니다.
예!
주여! 감사합니다.
흑흑흑

그 후
예수님 믿으세요
전도사님
수고가 많으십니다.
예수 믿고
영생을
얻읍시다.
교회에서
뵙겠습니다.
글쎄요!
맴…… 맴…… 맴…… 맴……
주님 신천 읍내 곳곳에 빈 틈 없이
복음을 뿌렸는데 열매가 없습니다.
제가 뿌린 복음의 씨가 열매
맺도록 도와주소서

신천 예배당
계세요?
어서오세요 !
덜덜덜덜
춥고 배고파서 그럽니다
밥 한그릇 먹을 수
있겠습니까?
덜덜덜덜
잘 오셨습니다.
영원히 죽지 않는
영혼의 양식까지
준비 되어 있습니다.
덜덜덜덜
허겁
지겁
쩝 쩝
쩝
먹고
더 먹어요!

이 세상에서 가장 큰 소망은 천국에 대한 소망입니다.
대궐 같은 집도 몇 십 년 지나면 다 허물어집니다.
오직 하나님 나라에 소망을 두고 살아가십니다.
다음 날
예수님 믿으세요!
차 한 잔 드시고 하시죠!
감사합니다.
예수 믿고 영생을 얻읍시다.
그래야죠.

삐꾹
삐꾹
계세요?
삐삐꾹
삐꾹
어서 오십시오
예수님 믿고
싶어서 왔습니다.
예수님 믿으면 정말로
하나님 나라에 들어
갈 수 있습니까?
물론입니다
하나님이 하신
약속이지요
?
나도 예수님 믿겠습니다.
어떻게 하면
됩니까?
헤~
이미 다 하셨습니다.
마음으로 믿고 입으로
시인 하시면
의인으로 인정해
주신다고 하셨으니
까요!

마지막 날에 성령님께서 기억하실 겁니다.
이제는 예수님을 사랑하시고 주위 사람들을 사랑하시면 됩니다.
함께 예배드립시다.
그 분의 말씀을 배우고 그 분을 찬양하고 그 분께 기도하는 겁니다.
주님!
한 영혼, 한 영혼이 이렇게 귀한 줄은 몰랐습니다.
천하 만물과 한 영혼을 바꾸지 않으시는 분이심을 이제 알았습니다.
주님께서 한 영혼을 천하보다 귀하게 여기시듯이 저 또한 한 영혼을 천하보다 귀하게 여기게 하옵소서!

다음 주일
…뎅그렁! …뎅그렁…
계세요?
쿵쿵
신천예배
어험! 이리오너라
나도
나도
나같이 죄 많은 놈도 예수님을 믿을 수 있소?
컥
당연하지요. 예수님께서는 죄인을 찾아 이 땅에 오셨습니다.
잘 오셨습니다. 정말 잘 오셨어요. 당신은 두고 보기에도 아까운 자입니다.

그 다음 주
뗑그렁!
뗑그렁!
예수님 계세요?
계슈?
실례합니다
찬송합시다아~!
찬송합시다아~!
몇 달 후
이 몸의 소망 무엔가 우리 주 예수 뿐일세!
하나님 감사합니다. 이제 예배당 안이 꽉 찼습니다.
우리 주 예수 밖에는 귀한이 아주 없도다!
빨리 가세! 늦으면 자리가 없다네.
안 늦었어.
뗑그렁~! 뗑그렁!
안녕 할렐루야!
아멘!
밥은 먹었어?
앞 자리가 은혜 자리래요 서둘러요.

신천 교회 제직회
오늘은 전도사님에 대해
한 가지 결정 할 일이
있어 이렇게
모이라 했습니다.
수고 하고 무거
쉬게 하리라
찬송
전도사님께
뭔 문제가
있소?
예~ 아주 심각한
문제입니다.
?
웅성~!
주여…!
?
뭐 알고 있는거
없어요?
혹시?
웅성~
뭐야?

우리 전도사님은 다른
어떤 목사님들 보다도
훌륭하신 분이십니다.
그런데.. 이런
작은 교회에서
계십니다.
그래서요?
전도사님을
신학교에 보내서
더 큰 일을 하실 수
있도록 도와드리면
어떻겠습니까?
에이~!
난 무슨 나쁜
일이라도 생긴 줄
알았잖소!
흠!
끄덕 끄덕
좋소!
전도사님은 목사님이
되셔서 더 큰 일을
하셔야 합니다.
옳소!
대 찬성이요!
짝! 짝!
그럽시다
짝! 짝!
진작에 그랬어야
했었어요

그 후 김익두 전도사는 신천교회를 인도하면서
평양 신학교에서
외국인 선교사들로 부터
신학을 배웠다.
그러던 어느 날!
따르릉
따르릉
도와주세요!
끽
고맙습니다.
딸랑

?
씨익
많이 불편하시죠?
?
지금은 이렇게 불편하시지만 죽었다가 새로 부활하게 되면 완전한 몸이 된답니다.
부활이 뭐요?

계란 아시죠? 계란이 죽은 것 같지만 때가 되면 그 안에서 병아리가 나오듯이 죽은 몸이 다시 살아나는 겁니다.
어떻게 그런 일이?
예수님을 믿으면 부활 시켜 주신다고
세상을 창조하신 하나님이 약속하셨습니다.
거두절미하고
예수님만 믿으시면 됩니다
예수님을 믿으시겠습니까?
나는 보다시피 돈도 없고
하나님은 돈을 원하시는 것이 아닙니다
마음을 원 하실 뿐이지요!
... 그럼 그럽시다
제가 기도하겠습니다. 눈을 감으시고

주님! 여기 주님께서 사랑하시는 한 영혼이 주님께로 돌아 왔습니다.
주님 약속대로 하나님 나라에 이르는 그 날까지 성령님께서 인도해 주소서!
……
이제부터 천국에 대한 소망을 가지고 하나님을 사랑하고
이웃을 사랑하며 살게 도와주옵소서
예수님 이름으로 기도합니다. 아멘!
일어나보세요
아아 아파요!
두둑
……
까악
나한테 왜 이러세요!

소지적 …… 소쩍 …… 소지적 …… 소지적 …… ……
… …
은과 금은 내게 없거니와 내게 있는 것으로 네게 주노니 나사렛 예수의 이름으로 일어나 걸어라.
베드로도 인간인데 예수님 말씀 대로 앉은뱅이를 일으켰다.
뒤척
나라고 못할 게 뭔가?
다음 날
띠링
띠링

끼익!
?
주님! 믿으면 할 수 있다 하지 않으셨습니까?
저에게도 베드로처럼 앉은뱅이를 일으킬 수 있는 능력을 주소서
어제는 덕분에 편안하게 잠을 잤습니다.
일어나고 싶으시지요?
그걸 말이라고 묻소?
턱

은과 금은 내게 없거니와
내게 있는 것으로 네게
주노니
곧 나세렛
예수의 이름으로
일어나 걸어라!
아..악!!
억!
뚜둑!
풀썩
아이고 나죽네!
괘.. 괜찮소?
아이고
아파
죽겠소
어디봅시다.
놔...놔
두시오!
우~~씨
으..

주여~!
주님 저에게도
베드로에게 주셨던
능력을 주옵소서 !
앉은뱅이를
일으키셨던
베드로처럼
저에게도 앉은뱅이를
일으킬 수 있는
능력을 주옵소서 !
주여!
며칠 째 음식도
안드시고 기도만
하시니
그러게
몸 상하실텐데
벌써
7일째야
덜컹

뭘 좀 드셔야죠?
어디가세요?
멀리 안 갑니다.
저 사람 또 나타났네!
아이고!
도.. 돈도 필요 없으니 제발 날 건드리지 마시오.
하나님은 천지 만물을 만드시고 인간도 만드신 분이십니다.
아.. 알았으니 나만 건드리지 마시오

당신의 두 다리도 건강하게
고칠 수 있는 분이십니다
건강하게?
그렇습니다
같이 하나님께
매달려 기도해 봅시다.
하나님께서
원하시면
일으키실 것
입니다.
정말요?
끄덕
끄덕
?
저 사람은
돌다리 앉은뱅이?
?
실천 예배당
예배 시간도
아닌데
왜 데리고
오셨지?

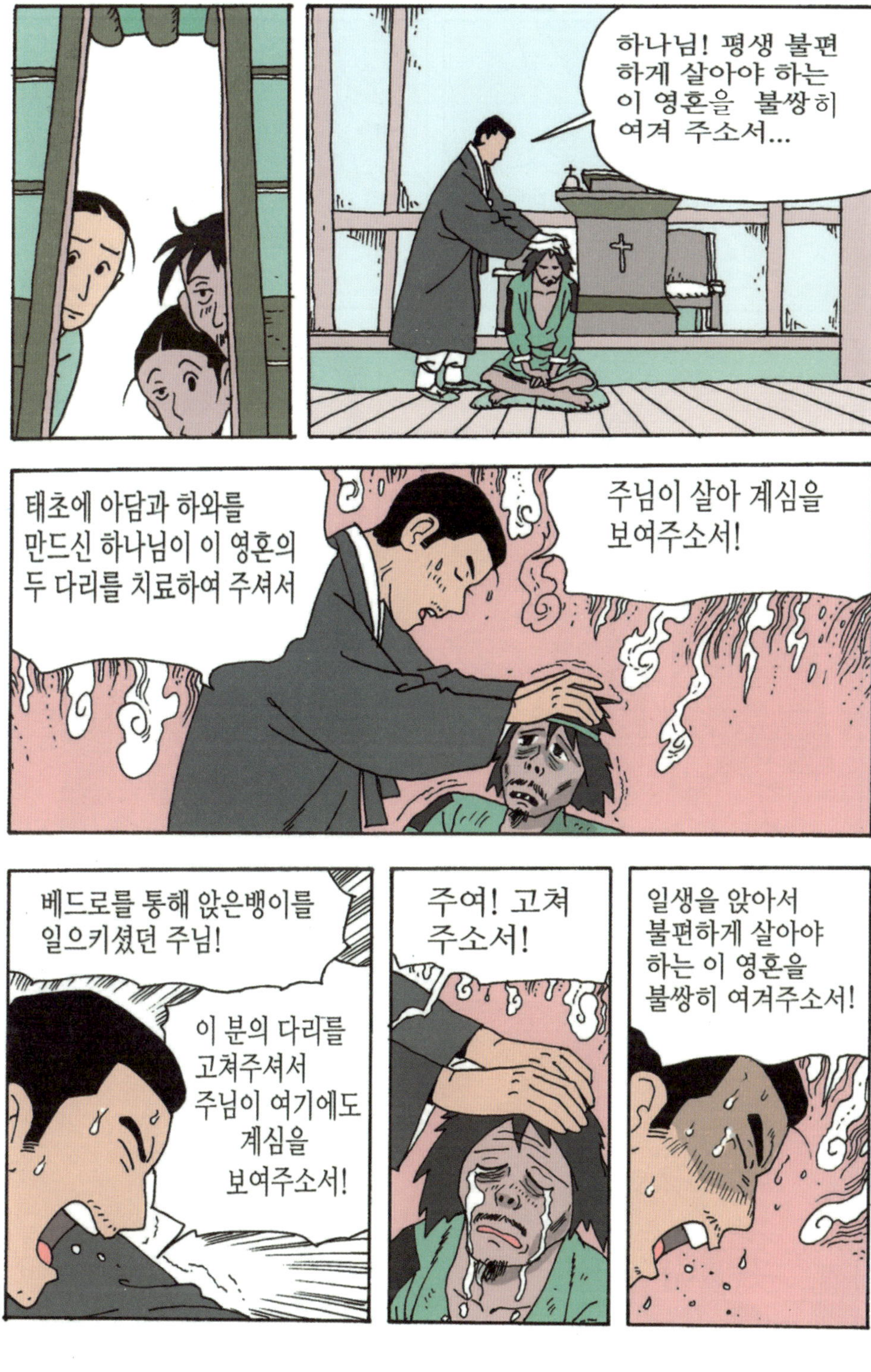

하나님! 평생 불편
하게 살아야 하는
이 영혼을 불쌍히
여겨 주소서...
태초에 아담과 하와를
만드신 하나님이 이 영혼의
두 다리를 치료하여 주셔서
주님이 살아 계심을
보여주소서!
베드로를 통해 앉은뱅이를
일으키셨던 주님!
이 분의 다리를
고쳐주셔서
주님이 여기에도
계심을
보여주소서!
주여! 고쳐
주소서!
일생을 앉아서
불편하게 살아야
하는 이 영혼을
불쌍히 여겨주소서!

찌릿
불쌍히여겨
주소서..!
저..
전도사님!
다리에..
힘이..
주님이 살아
계심을 보여
주소서
전도사님!
다리에 힘이
느껴져요
예?
힘이
느껴져요
그럼!
일어나 보세요
척
바들
바들

서, 섰어요!
내 다리로
내가 섰어요.!
걸어보세요.!
뚜둑!
스윽!
바르르
턱
하나님!
하나님은 옛날이나
지금이나 여전히
살아 계신 나의
하나님이십니다.
내가 내가..
걷다니.. 하나님
감사합니다
이럴수가
분명히 업혀
들어갔는데
더듬!
더듬!
앉은뱅이가
일어났다

돌다리에서 구걸하던 앉은뱅이를
김익두 목사가 고쳤다는 소문이 퍼지자
돌다리 앉은뱅이가 걸었대요
어머나! 세상에...
기적이다.
수 많은 환자들이 김익두 목사를 찾았고
이제 살 길을 찾았다.
날 김익두목사에게 데려다 다오
나도
벙어리, 맹인, 곱사등, 악성 종기, 중풍
소아마비, 각종 불치병이 고침을 받았다.
앗! 앞이 보인다. 보여!
소리가 들린다. 오! 주여 감사합니다.
하나님이 김익두목사에게 신유의
은사를 내린 것이다.
주여어!
그 후 김익두목사는 부흥사가되어 전국을 순회하며 복음을 전하기에 이르렀는데
그의 소문을 들은 사람들이 구름떼 처럼 모여 들었다.
와
와
와
그가 가는 곳마다 성령의 역사가 강하게 일어나므로 사람들은 그를
한국의 베드로, 혹은 불의 사자라고 부르기 시작하였다.
예수의 이름으로 명하노니 귀신아 나가라!
꾸르륵
아이고~~ 원통하다

그는 부흥회를 총 776회를 했고
주 예수 그리스도를 믿으세요! 구원은 예수님 밖에 없습니다.
아멘!
아멘!
2만8천번의 설교를 했으며
성령이 너희에게 임하면 권능을 받고 유대와 사마리아와 땅 끝까지 복음을 전한다 함은..
아멘!
...
150개의 교회를 개척했고
3백만명 가까운 불신자를 예수님을 믿게 했으며
너도 예수교인이 됐냐?
김익두 목사님 말씀 듣고 예수교인 됐어!
그에게 병 고침 받은 사람은 1만 명이 넘었다. 당시 동아일보 신문에는 "벙어리가 말하고 앉은뱅이가 걸어간다"라는 기사를 실어 전국에 보도했다.
신문이요!
기적이다.
선지자가 나타났구나.
그리고 그의 설교를 듣고 목회자가 된 사람만 2 백 명이나 된다.
김익두 목사님! 저도 목사가 되어 복음 전하고 싶습니다.
하나님이 기뻐하실 겁니다.
그 중 에는 한국 기독교를 믿음의 반석 위에 올려 놓은 주역들이 많았는데 순교자 주기철 목사님도 그들 중 한 분이시다.
주기철 목사

1920년 10월, 서울 승동교회 부흥회 대책회의장
이번 부흥회에 참석한 예상 인원이 몇 분 정도라고요?
수 천 명입니다. 그런데 그 분들을 수용할 교회가 없어요.
그렇다고 오시는 분들을 돌려 보낼 수는 없지 않습니까?
광장에서 하는 방법은 어떻습니까?
야외 광장요?
그것도 좋은 생각이네요.
좋습니다. 가장 넓은 야외 광장을 물색해 보시고 김익두 목사님께 연락합시다.
한 가지 더..
무슨?

인원이 너무 많아서
멀리 있는 사람들은 설교를
듣기 힘들 겁니다.
그럼 확성기를 사용합시다.
알겠습니다.
웅성!
웅성!
웅성!
경성 대부흥사경회
경성 대부흥사경회
사회자가 뭐라고 하는거야?
글쎄?
그 ... 사람들이
너무 많아서
여기까지는
들리지도 않네..
그래도 김익두 목사님이
오셨다는데 얼굴이라도
보고 가자고요
병자들도 수 없이
고쳤다는데..

이제 김익두 목사님이
나오시나 봐요
짝! 짝! 짝! 짝!
어디? 어디?
여러분!
인생 칠 십!
길어야 팔 십이라고
했습니다.
목청 좋다
여기까지
다 들리네!
조용히
해봐요
경 성 대부흥사경회
지금 나이가 십 대든
팔 십대든
마지막을 준비해
둬야 합니다.
수의나 묘지를
준비하라는
것이 아닙니다.
죽음 이후에 내 영혼이 돌아갈 곳
내가 머물 곳이 있어야
한다는 것입니다.
예수님은 말씀
하셨습니다.
내 아버지 집에는 거할 곳이
많도다. 아버지집 외에는
마음 놓고 쉴 곳이 없습니다.
우리 영혼이
마음 놓고
쉴 수 있는 곳은
바로 아버지 집입니다.

그러나 죄가 있는 자는 아버지 집에 결코 들어갈 수 없습니다.
우리 모두는 그 곳에 들어 갈 수 없는 죄인입니다.
이 죄에서 깨끗하게 되는 유일한 길은 내 죄 값으로
십자가에서 죽으신 예수님을 믿는 방법 밖에 없습니다.
아버지 집에 들어가기 원하십니까?
예수님이 내 죄 값으로 죽으심을
믿으십시요!
아 멘 ~!!
영혼이 하나님과 함께 살기 원하십니까?
예수님이 십자가에서 흘린 피가 내 죄 값임을 믿으십시요!
죄인이 의인으로 살기 원하십니까?
나를 위해 죽으신 예수님을 사랑하고 이웃을 사랑하십시요 !
아 멘 ~!!

1950년 10월 6.25 사변 중
황해도 신천교회
쌔—엥
인민군들이 연합군의 인천상륙작전으로
전세가 밀리어 퇴각할 때
김익두 목사는 76세의 고령임에도 불구하고 성도들에게 복음을 전하고 있었다.
뎅그렁!
뎅그렁!
전쟁 중인데
왠 종소리지?
교회에 가보자
하나님이 없는 곳에는
양심이 있을 수 없습니다.
양심이 없는
곳에는
권모술수만
난무합니다.
권모술수에 능한 자는 목적을 위해서라면
어떤 거짓과 폭력도 서슴치 않고
사용하게 됩니다.

그러므로 지혜롭게 분별하시오.
하나님을 인정하지 않는 곳! 그 곳에는 언제든지 거짓과 폭력이 사용될 수 있다는 것을 기억하십시오.
하나님을 거부 하는 공산당이라면 그들은 바로 비단보에 똥을 싸 놓은 것과 같습니다.
공산당! 그들이 하나님을 창조주로 믿는 것을 인정하고
예수님을 믿는 것을 인정할 때
그 때 만이 그들의 양심이 살아날 것입니다.

목사님 피하십시오
공산군들이 교회를
포위했습니다.
어디로 피합니까?
내가 있을 곳은
여기고
내가 갈 곳은
하나님 나라
뿐입니다.
꼼짝마라!
쾅
주여!
동무가 김익두
목사요?
죄 가운데
고통받지 말고
예수를 믿으시오.

뭐야!
반동분자!
빡
목사님!
억!
풀썩!
김익두 동무!
뭐? 공산당이 비단보에
똥을 싼 것과 같다고?
너같이 잘 먹고
잘 사는 작자에겐
그렇게 보이겠지
하나님 없는
민족이나 사람에겐
멸망뿐이오.
그래? 누가 먼저
멸망하나 보자!

이 반동분자!
예수쟁이!
퍽
욱!
쿡
당신들도 부디
예수를 믿고
영혼이 살기를
바라오
이 자가 아직도
상황 파악을
못하는구만
처형해!
이얏!
주여!
콱
목사님!
안돼
헉!
너희들도 살고 싶으면 꼼짝마!
아··
목사님···
으···

주여! 저들을 불쌍히
여기소서.
헉
헉
모두 연행 하라우!
빨리 나갓!
흑흑흑
목사님!
뭘
꾸물거렷?
부디 이 나라와 민족을
지켜주소서..

내 영혼을 받아 주소서
아..버....지...!!
♪ 내 은혜로신 하나님
분대장님 김익두가
죽었습니다.
픽
날도와 주시고 ♫
그 크신 영광 널리펴 다살게
하소서 ♫ ♪
됐다! 가자!
저벅!
저벅!
♪ 내 주의귀한 이름이 날 위로하시고
이 귀에 음악 같으니 참희락되도다 ♫
내 죄의 권세 깨뜨려 그 결박 푸시고
♪ 이 추한 맘을 피로써 곧 정케 하셨네 ♪
(김익두 목사님이 순교전 마지막에 부른 찬송)

너희는 마음에 근심하지 말라 하나님을 믿으니
또 나를 믿으라 내 아버지 집에 거할 곳이 많도다.
요한복음 14: 1,2
(끝)

복사하여 편집한 후 전도지로 사용하세요

영 생

날 고물이나 줍는다고 우습게 보는 거요?
진시황제, 황우장사도 다 죽었는데 말이 되는 소리를 해야지?
정말이에요. 사람이 딱 한 가지만 없으면 영원히 살 수 있어요.
날도 더운데 사람 놀리지 말고 갈 길 가 보슈!
어? 마침 좋은 게 있네요.
꿀꺽
꿀꺽
이 사람이 실성을 했나?
이 더운 날 쓰레기통에 있는 물을 마신단 말이요? 배탈 나서 죽으려고…?
이 물은 아무리 마셔도 배탈 안나요. 왠 지 아세요?
?

이 생수를 만들 때 완전히 멸균을 했고 완전히 밀폐 포장을 해서 균이란 균은
일절 들어 갈 수 없기 때문입니다.
정말 괜찮 수?
인간도 마찬가지에요. 죄란 것만 없으면 영원히 살 수가 있지요.
될 법한 소릴 해야지 죄 없는 사람이 어디 있수?
맞습니다. 모든 사람은 죄가 있지만 죄 없는 누군가가 내 대신 죄 값을 치뤘다면 나는 죄 없는 자가 되는 거지요.
그러니까 될 법한 소리를 하시라고... 누가 고물이나 줍는 나 같은 놈 죄 값을 치룬단 말이오?
저 십자가 위에서 예수님이 죽으신 건 아저씨 죄 값을 대신 하신 거랍니다.
!
징~

나는 부활이요 생명이니 나를 믿는 자는 죽어도 살겠고 무릇 살아서 나를 믿는 자는 영원히 죽지 아니하리니 이것을 네가 믿느냐? 요한복음 11장 25-26절

구　　성　김원민
그　　림　문상우
발 행 인　성시선
발 행 일　2016.4.1
등록번호　충남 예산 제1호
발 행 처　보물지도
주　　소　충남 예산군 고덕면 호음재호지길
106-7 번지
우편번호　32401
전　　화　041-338-0268
팩　　스　041-338-5480
홈페이지　www.bomuljido.co.kr
I S B N　978-89-94759-01-2 07230
책 가 격　4,500 원

보물지도 홈페이지에 무료로 쓰실 수 있는
만화전도지가 있습니다.